ちいさなしあわせを積み重ねて

アンパス デザイナー
跡部明美

HANDKERCHIEF BOOKS

読者のみなさんへ

この本で伝えたいと思っているのは、〝普通〟について、哲学するということです。「ハンカチーフ・ブックス」の刊行４冊目となる、この『ちいさなしあわせを積み重ねて』で描かれているのは、〝普通〟の世界です。

著者の跡部明美《あとべあけみ》さんは、北海道の札幌市に暮らす主婦であり、リースデザイナーです。たくさんの方々の家に美しいリースをお届けする創作活動を続けていますが、多くの方が顔を知っているような〝有名な人〟ではありません。むしろ、普通の暮らしを、心地よく送ることを大事にしている、静かな人です。

わたしたちは、そこがいいと思いました。

どんな人も、この世に生まれてきたときはまったくの裸で、名前すらもありません。最初に出会った両親が名前をつけ、しつけをし、だんだんと成長することで、棲んでいる景色の中に収まり、「たくさんの人にとっての誰か」になります。

たくさんの人にとっての誰かであるということは、その人がその人として認識される世界を持っているということです。それを切り取って、言葉に変えたとき、哲学と呼ばれるものが生まれます。それは机の上で頭をひねりながら考え出すものではなく、皮膚感覚で、日常のなかから湧き上がってくるものです。

ハンカチーフ・ブックスで大事にしたいのは、その、皮膚感覚です。その中でも、わたしたちは「心地よさ」を大事にしています。

日常で心地よく過ごすこと、それは、案外と大変だったりします。

日常を心地よく過ごすための哲学、それはじつは、たくさんの人に必要な情報かもしれません。

普通であることは、空気の中に溶け込んでいて、空気の中の酸素や水素を見分けられないように、究めていくほどに透明になります。

透明になりすぎるとどこかに消えていってしまいますが、ちょっと目をこらすとフーッと浮かび上がってくる。その境目に浮かんでくるものを、ぜひとも本のなかに収めたいと思い、今回の一冊が生まれました。

・花仕事が生活のなかにあると、毎日を気持ちよく過ごせる。
・片付けや掃除の先には、気持ちよさが待っている。だから楽しい。
・見えない引き出しの中、扉の中を整えると、開けるたびに嬉しくなる。
・自分が美味しいと感じるので、炊飯器やトースターは使わない。
・迷いがすくなくなり余裕が生まれるので、タオルの色は統一する。
・いつでも動き出せるように、モノは自分で把握できる数だけ。
・子供の成長とともに、暮らしや家の中が変化していくのが楽しい。

跡部さんは、無理なく、気持よく過ごせるように、自分なりのちいさなルールを大事にしながら生きている人です。

リースデザイナーとして活躍をしていますが、だからすごいのではなく（いや、すごいのですが）、丁寧に〝普通〟を続けていることがすごいことだと思い、その普通の景色を切り取ってみました。

これはこれで、じつは一冊の哲学書です。

たくさんの活字が並んでいるよりも、行間が空いた、海辺で寝転んで読める一冊が、案外と深いものとつながっているかもしれません。

いろいろなことを感じながら、何度も読み返してみてください。そうしていただけると、これまでの３冊で描いてきた景色とも一つにつながってくるはずです。

「ハンカチーフ・ブックス」編集部

はじめに

私は昔から、いちどに色々なことをするのが苦手です。だから、毎日のほとんどの時間をすごす家の中は、モノゴトができるだけ重ならないように、片付けや整理整頓をして、いつもシンプルな状態を維持するように心がけています。きれい好き、というよりは、不器用な自分のために、という感じです。

いつも家の中がシンプルな状態だと、心が整います。心が整うと、ゆとりが生まれ、私の足は自然と、自宅の中にあるちいさなアトリエへ向かいます。

ちいさなアトリエの椅子に腰掛け、コーヒーを飲み、デッサンを描いて、テーブルの上にストックしてある、いくつもの木々や季節の花々を組み合わせながら、リースづくりに集中していきます。

そんないまの、なにげない毎日を、暮らしのあれこれ、花仕事、洋服、という3つの視点から、50歳という大切な節目を前に、書き記してみました。

私の、一日で最初の仕事。

跡部明美　Akemi Atobe

1967年、北海道生まれ。主婦。リースデザイナー。

札幌市在住。夫と息子2人、愛犬1匹の5人家族。

息子2人の成人とともに、本格的にリースブランド「a Un Pas（アンパス）」の活動を開始。季節の花々を使ったリースや小物の製作、各種小売店や合同展示会などへの出展も行う。

http://a-un-pas.net/

https://www.instagram.com/a_un_pas/

家族、そして友人たちに感謝を込めて。

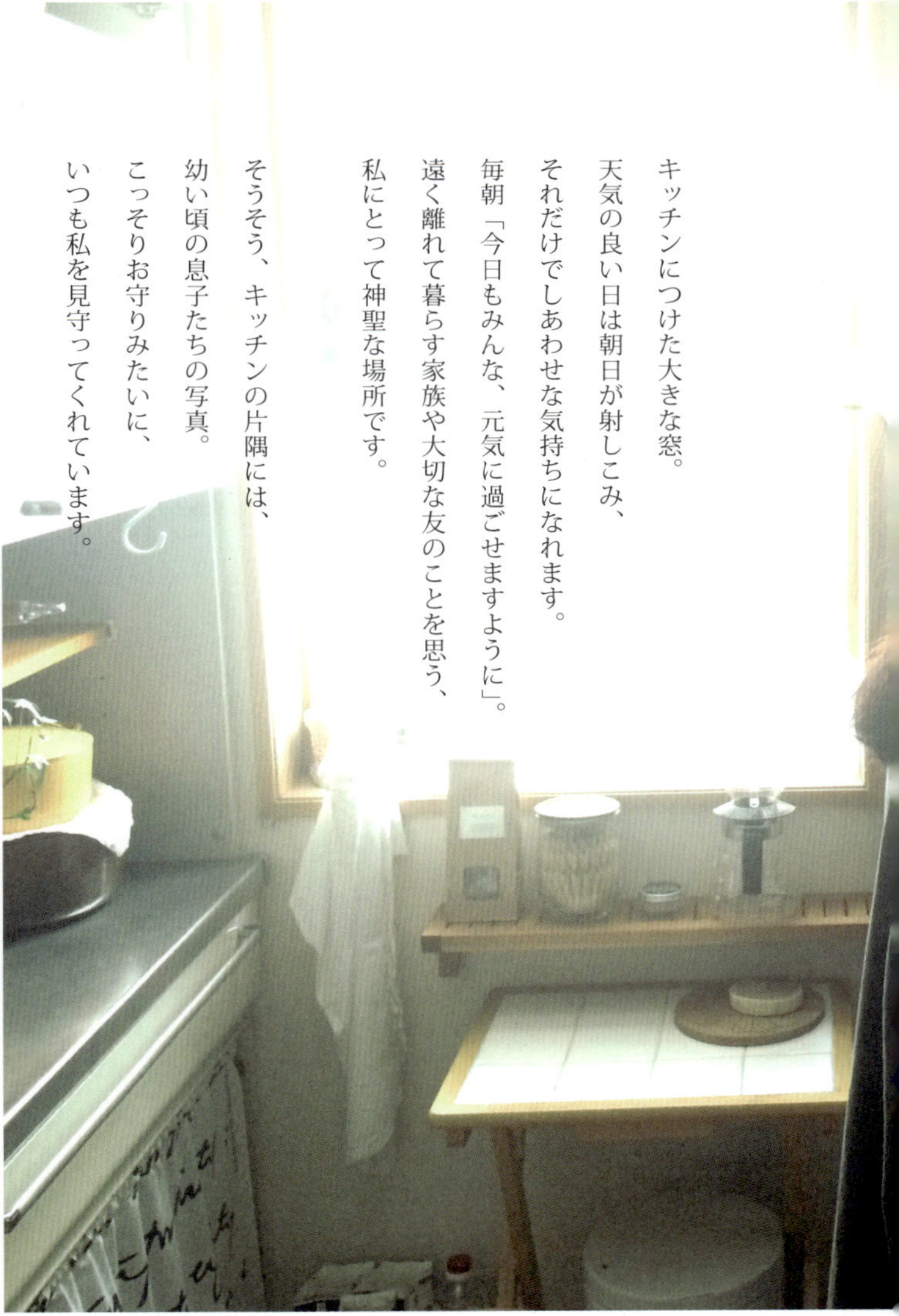

キッチンにつけた大きな窓。
天気の良い日は朝日が射しこみ、
それだけでしあわせな気持ちになれます。
毎朝「今日もみんな、元気に過ごせますように」。
遠く離れて暮らす家族や大切な友のことを思う、
私にとって神聖な場所です。

そうそう、キッチンの片隅には、
幼い頃の息子たちの写真。
こっそりお守りみたいに、
いつも私を見守ってくれています。

第一章
「暮らしのあれこれ」

CAFÉ
LAIT
BASE

アイビーがキッチンを明るくしてくれます。

夫とふたりの朝食。壁にちいさな紫陽花のスワッグを。

毎日使う大切な道具たち

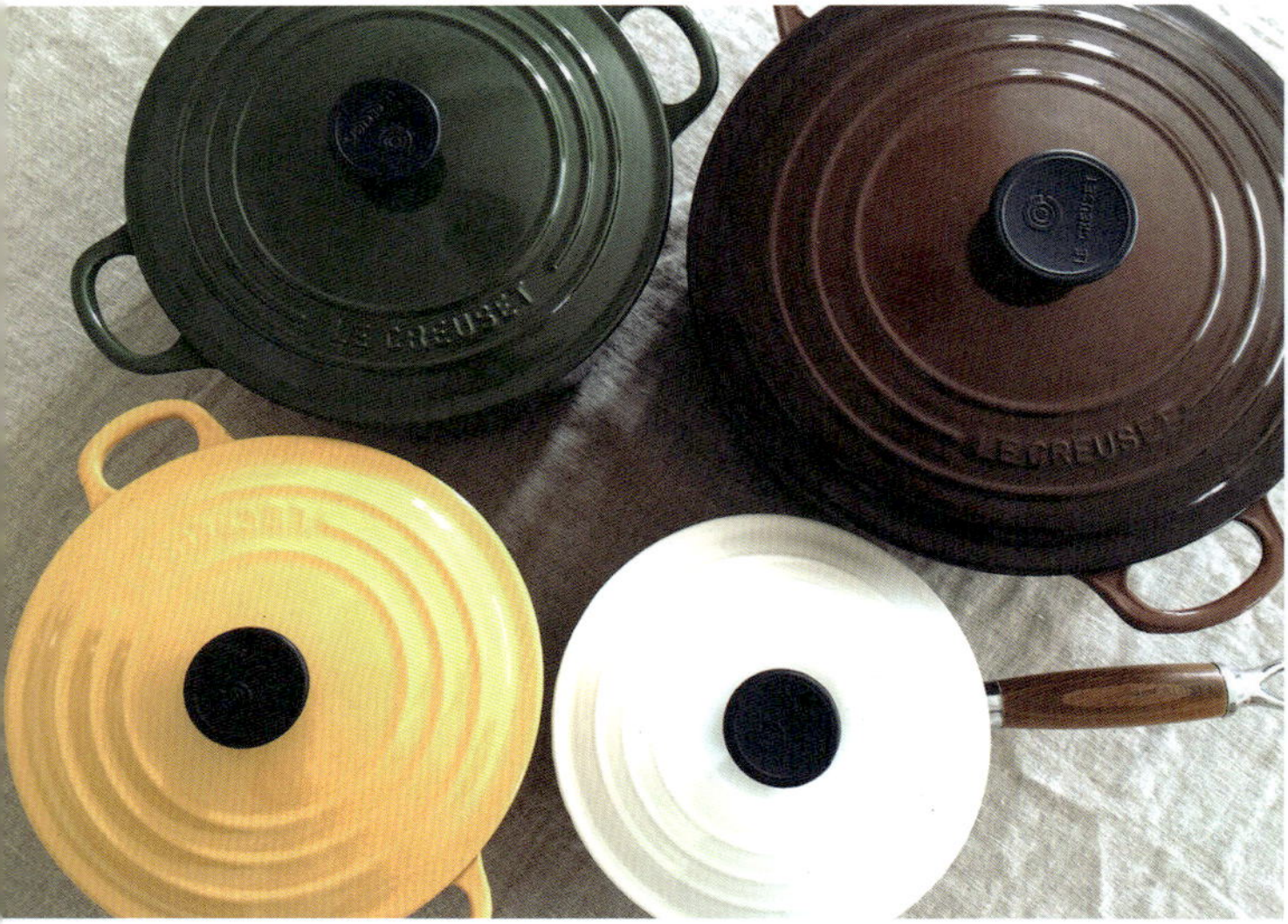

みなさんのお気に入りの道具は何ですか？　私の暮らしにまつわるお気に入りのあれこれ……。古くから愛用しているものや、ここ数年で定番になったものをいくつか紹介します。

（右上）息子たちの成長期に大活躍だった27cmのル・クルーゼ。いつもお鍋いっぱいにカレーや煮物をつくっていました。

（左上）いま、出番の多い24cm。

（右下）昔々、私が欲しがっているのを知り、弟がプレゼントしてくれたもの。木の持ち手がお気に入り。

（左下）20年来のお付き合い、初代ル・クルーゼです。5年前から炊飯専用に。毎日おいしいごはんをありがとう。

調味料入れは中身が見える透明なものを。中に乾燥を防ぐsoil（ソイル）を入れています。

トースターが壊れたのを機に、5年前から網焼きパン生活です。とろ～りチーズをのせたいときは、ちいさなフライパンでチーズを焼き、ひっくり返してパンにのせればＯＫ！

洋食器

忙しい日は、洗い物を最小限にする作戦で、
大きいお皿が大活躍。
シンプルな白いプレートは家族の人数分を
揃えています。

和食器

　とくに自分のルールがあるわけではないのですが、和食器はみんな違ってみんな良い、と思っています。

　出会いを大切に、気に入ったものをひとつずつ。

キッチンの収納は、常に、どうしたら使いやすいかな？　と見直す箇所ナンバーワンです。暮らしの変化とともに、使う頻度の違いが出やすい場所だからかもしれません。
　男子弁当をつくっていた頃は、大きなお弁当箱や、ドリンクボトルの存在感が強かった引き出しの中も、いまは保存容器中心の収納場所に。
　内容を定期的に見直しながら、ちいさな変化を楽しんでいます。毎回、引き出しを開けたとき「ちょっと新鮮」がうれしいのです。

浅い引き出しには、小皿や豆皿を。

3時のおやつ

焼きたてのワッフルは、サクサク軽い口当たり。そのまま手に持ってパクリが一番おいしい。たくさん焼いても、あっという間になくなる。そんな頃が懐かしいです。

そうだ、ひとり暮らしの大学生（次男）へ、クール便で送る荷物に忍ばせよう。

お菓子づくりが得意な友人の、おいしいスコーン。

息子たちがお気に入りだった豆乳プリン。いまでも時々つくります。黒蜜をたっぷりかけて。

あると安心する、ずっと好きなもの

大人になるにつれて、食の好みも変化していきますが、私はどちらかというと、食べ物をあまり冒険できないタイプです。幼い頃から、好きなものは変わりません。

りんご1個は医者いらず。と、母がよく言っていました。家族も私もりんごが大好きです。

やさしい甘さがちょうどいい。

小腹が空いたとき、ちょっぴり甘いものがほしいとき、ドライブのお供にあると安心します。いつものスーパーにいつもある。変わらずずっとある。それがうれしい。

そうじや片付けを巡る思い

毎日、掃除や片付けに多くの時間をかけるわけにもいかないので、日々の掃除は、ポイントを絞った、最低限のちょこっと掃除が基本。その分、週に1度は、本気の掃除を心がけています。

キッチンの片付け、洗濯、ハンディワイパーやブラシでホコリ取り、愛用のマキタで掃除、モップまたはウエスで床拭き、そして最後は軽く玄関を掃除して終わりという感じ。

洗面所やトイレなどの水まわりは、使うたびについでの掃除でいつもキレイを心がけて。

片付けと掃除、どちらが好きかと言えば、やっぱり片付けが好きです。

家の中がある程度スッキリと片付いていたら、忙しくて掃除機をかけられない日があっても、パッと見きれいに見えるので大丈夫！

片付けや掃除の先に気持ちいいが想像できるから、不思議と苦には感じません。

着古したTシャツなどをカットした、お掃除用の使い捨てウエス。小さな頃から布のカットは私の仕事、結婚した後も続いている、母から受け継いだ掃除の習慣です。キッチンのガスコンロを拭いてポイっ。トイレも拭いてポイっ。靴も磨いてポイっ。どこでもなんでもささっと拭いて、使い切った感とともにポイっ。

(左ページ上) 平日の掃除はマキタのクリーナーが大活躍。小さく軽いのにパワフルで、階段や壁もスイスイきれいにしてくれます。

創作作業後の夕方のお掃除もスイスイ。いつも買ってよかった!と実感しています。

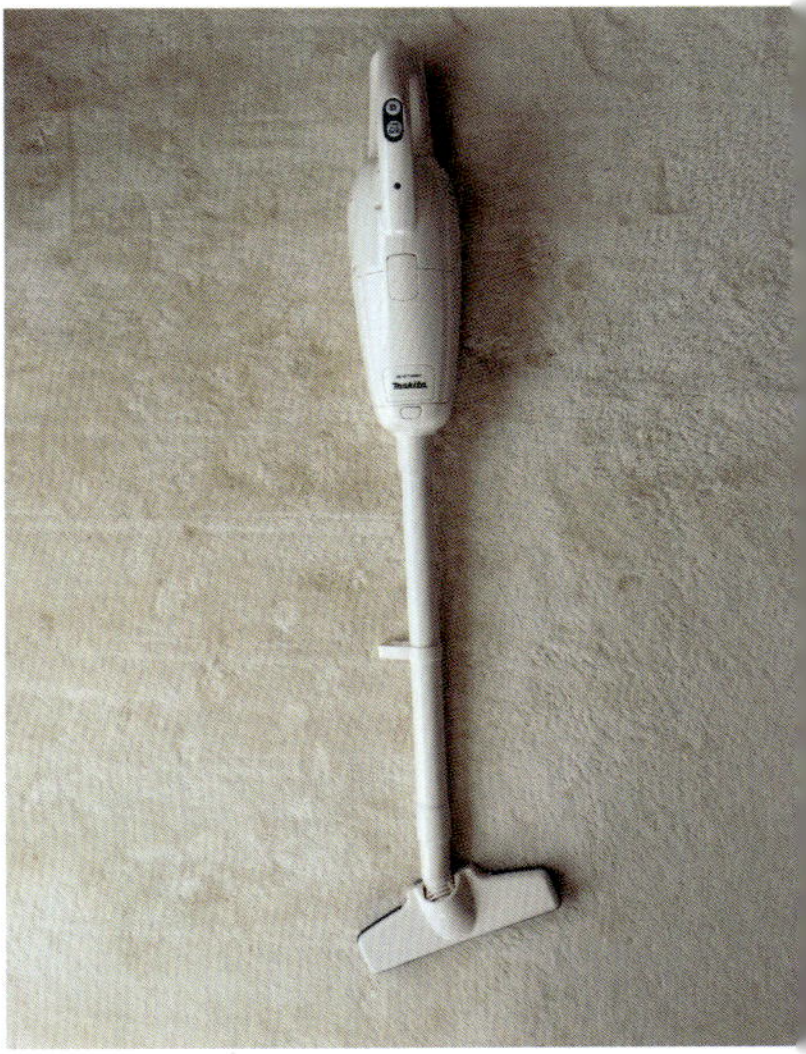

扉の溝のホコリもぐんぐん吸いとってくれる「ミーレ・サンフラワー」。欲しいと思った時にはすでに廃盤でした。冷蔵庫も食洗機もミーレだったらなぁと夢見てた頃、知り合いから譲り受けたときには、飛び上がって喜びました。これぞ運命。これからもずっと私の相棒でいて下さい。

アウロのフロアー用ワックス。100% 天然成分なので安心。

片付けは好きだけど、お風呂掃除や窓拭きは苦手です。

苦手分野は道具から入ってやる気をもらう。そこ、大事です（笑）。

ほこり取りも道具から（笑）

机や床のちょっとしたお掃除に、シュッと吹きかけ乾いた布で拭き取ります。

引き出しの中もカゴ収納。

キッチン背面（下）

昔から、温かみのあるカゴが大好きで、自然と収納にもカゴを活躍させることが多いです。

豆乳は私しか飲まないので新鮮なうちに飲みきれるサイズで購入したり、野菜室（写真左下）は百円均一の透明カゴに入れて整理するなど、冷蔵庫の中も風通しよく。

大好物のアイス

味噌、梅干し、きんぴら、佃煮など、常備するものはタッパーに入れて。

普通が好き。

料理は好きだし、美味しいものはつくりたい。
でも、頑張りすぎない。
体にいい・悪いは大事だけれども、私はたくさんのすき間をつくり、
そのなかでゆったりするのが好きです。

だから、素材も選びすぎない。
勉強することも必要だけれど、ほどほどに。
何も考えない、適当という意味ではなく、あくまでほどほど（笑）
こだわりすぎて疲れてしまう手前のところに、私の好きな空間があります。
それをつくることが、私のささやかな健康法。

第二章

「暮らしが整う花仕事」

1日1回、花仕事

すこしだけ、お仕事のお話をします。

ものぐさな私が、日々花に触れることだけは欠かしたことがありません。

小学校1年生から高校生までの間、ずっと通っていた生け花の先生や、花好きの母の影響が大きいのでしょうか、スポーツ少女だった私が、唯一、心静かに何かと向き合う習慣でした。

ふたりの息子たちはもう成人し、私も昔以上に花と向き合う時間が増えました。自宅でこつこつリースを作り続け、49歳のいま、お取り引きをいただく仕事にもなり、幸せを感じています。

季節ごとに市場に出回る花々と、大切に保管してある木々のパーツをテーブルの上に並べながら、その素材に合った、私好みのリースのカタチを思い浮かべます。無心で手を動かしていると、いつのまにこんな時間？　という感じ。イメージ通りにカタチになったときは自然と笑顔。そんな日は、スッキリと気持ちよく、夕飯の支度へとシフトできます。

季節の花々と、木々のパーツを合わせて。

シンプルなリースのレシピ

1.

イメージしたリースのパーツを小分けにします。

2.

それぞれのパーツにワイヤーをセットします。

3.

ワイヤーをセットした素材をフローラルテープで巻いていきます。

4.

リースに挿していきます。

5.

すべて挿してみて バランスを確認します。
ボリュームが足りないかな？ この素材の方が合うかも？
など、最後の調整をして……。

6.

裏はこんな感じ。

7.

バランスを整えたら、
根元をグルーガンでリースに固定し、
飛び出たワイヤーをカットします。

8.

完成です。

キャンドルと一緒にお皿に飾っても素敵です。

普段使っている道具たち

創作に使う素材は、家にあるカゴやトレイにグループ分けして、そのつど机の上にならべています。

机の引き出しにはハサミやテープ、グルーガンなど、出番の多いものをスタンバイ。

タグやカード類は、ガラスの器やカゴのトレイなどを使って引き出しに。並べても嬉しい収納に。

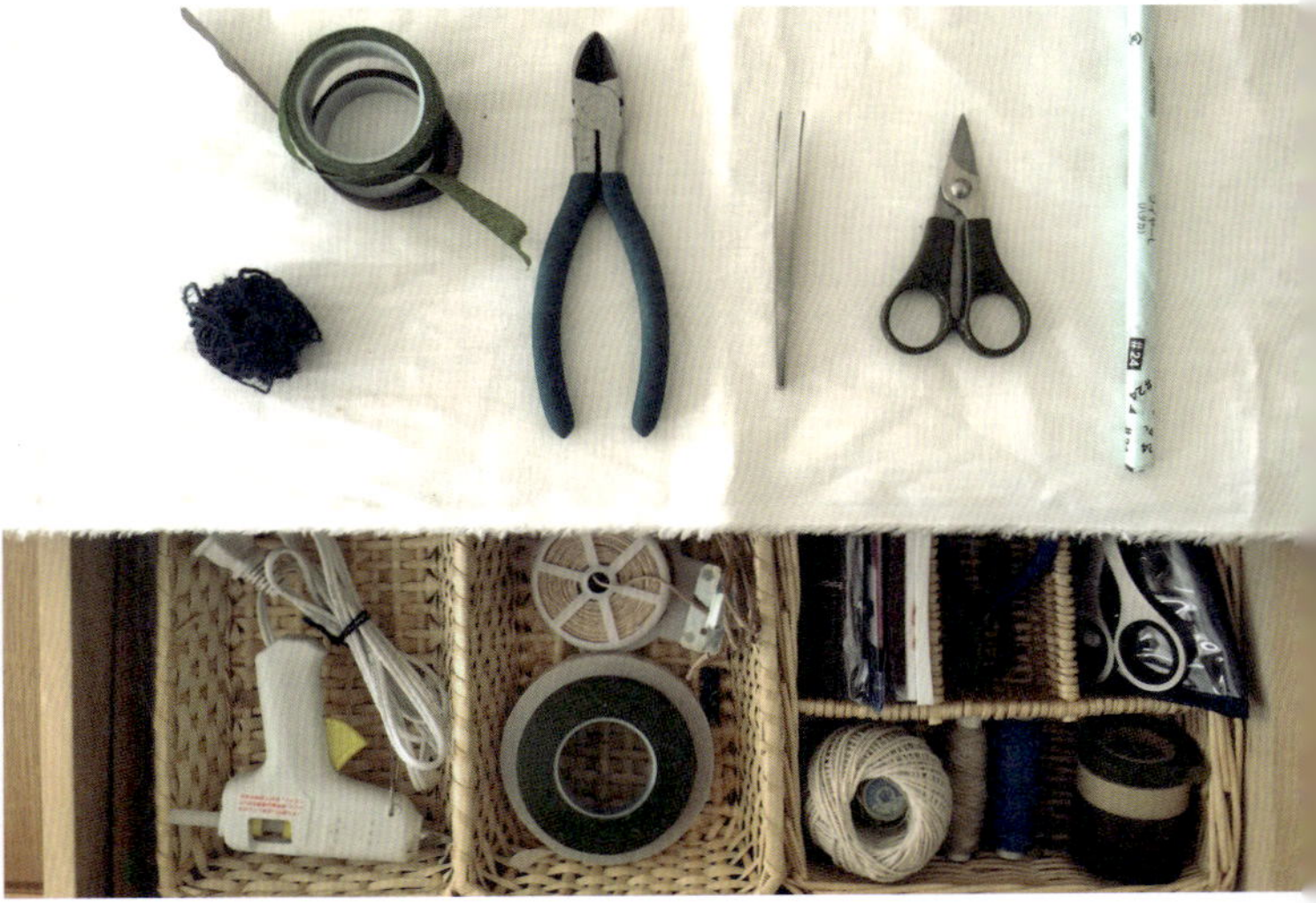

a Un pas

スケッチブックとスケジュール帳は、創作活動にとって、とても大切なツールです。

このくらいのすっきり感が好き。

空間も花器と思って整える

昔からスッキリと片付いたシンプルな空間が好きでした。気持ちが落ち着くのです。

床にもあまり物は置かず、掃除のしやすい家……ここでも面倒くさがりな一面が見えますが（笑）。

いつでも花が飾れる空間、余白がある暮らしが好きです。

リビングの窓から見える景色が好きです。

春の木々が芽吹く様子、夏の強く揺れる木々の濃い緑、秋には大好きな紅葉、冬の雪景色。北海道の変わりゆく景色はそれぞれに美しく、カーテンを降ろしてはもったいないので、いつもオープンにしています。

振り返ると、子育てや仕事に余裕のなかった日々の中でも、ここから見える景色に、ホッと気持ちを吐き出したり、元気をもらっていました。

この窓辺には、景色の延長となるような花やグリーンを。

今年で16年目を迎えるこの庭は、毎年、大好きなバラがたくましく可愛らしい花を咲かせてくれます。

過ごしてきた時期のライフスタイルによっては、まったく庭に目を向けられなかったときもあり、そんなときは「ごめんね、たくましく育ってね。」と語りかけていました。

いろいろあったけれど、子供の成長とともに、スクスク育ってくれてありがとう。

人生の後半は、今までよりもっと、庭との時間を大切にしたいなと思っています。

Ad. Zierold & Sohn, Zschopau.

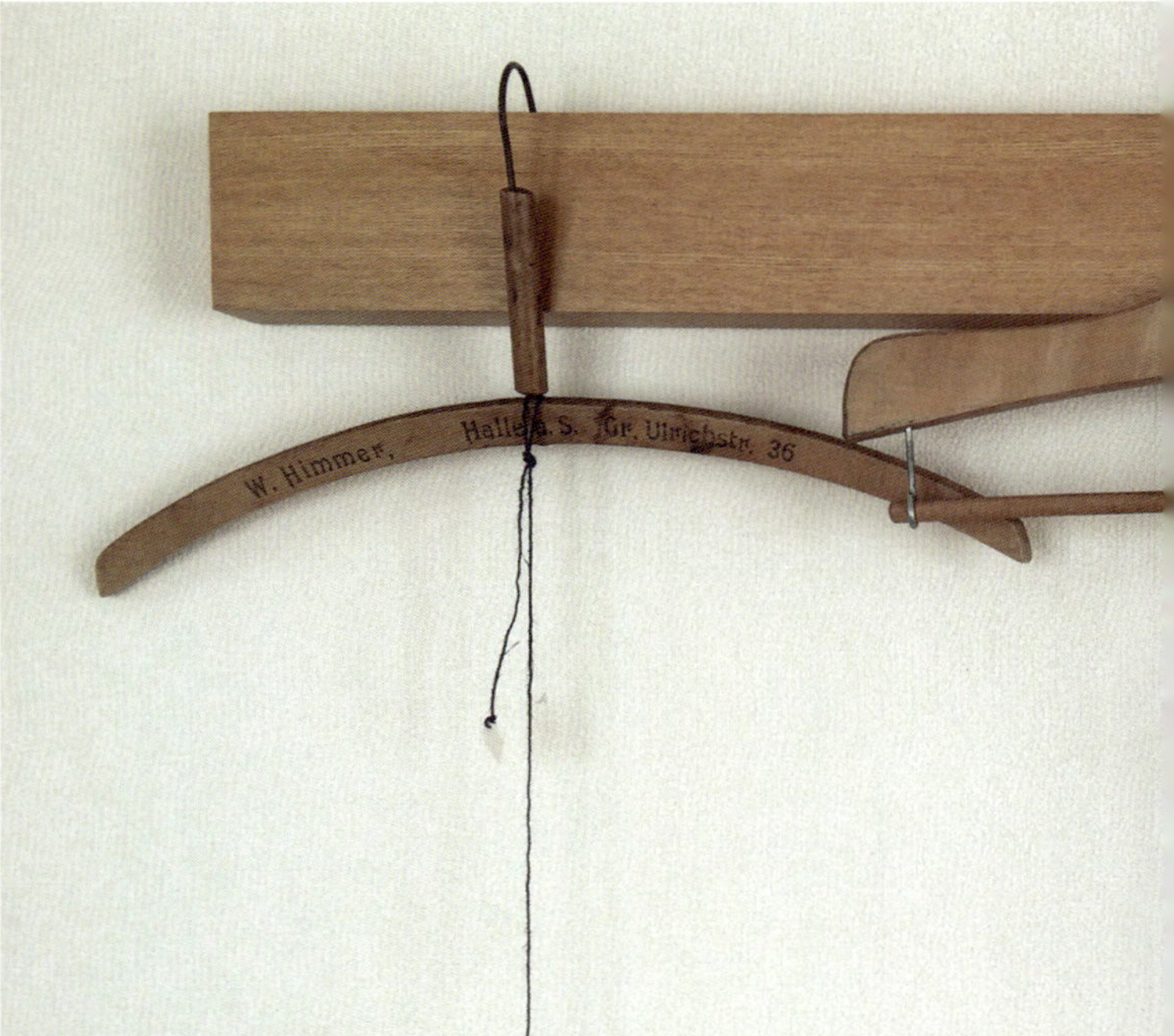

紫陽花ボールを、ハンガーにかけて。

古物雑貨屋さんを営む友人からオーダーをいただいて、お花屋さんで働いていた頃を思い出しながらつくったクリスマス・スワッグ。

ドライにもなる生の花材は、時間とともに変化する姿も楽しめるのが魅力ですね。

たくさんの方に手にしていただいた、幸せなクリスマスでした。

大切な人の手にそっと渡したい。
そんな小さなブーケをリースにのせてみました。

カタチになるまで何日もかかりましたが、
出来上がった作品を弟に送ったら、
ブランコみたいだね。と。

ちょっと余談です。

ここ1～2年、カラダの変化を感じることが多く、スッキリとしない日々が続いていました。うんうん、と話を聞いてくれる友や、そんな時期を過ごした先輩の話を聞き、それも自然なことと受け入れて過ごし始めたら、気持ちが楽になりました。

最近、友人が勧めてくれたのを機にヨガを数年ぶりに再開。カラダはカチコチだけど、そのときそのときのペースを大切にしながら、深い呼吸を意識して過ごしたい。

カラダと向き合い、自分の内側に集中できる時間に感謝。

ここ最近は、朝、ひととおり家事を終え、仕事へ気持ちを切り替えるとき、体調や気分に合わせてアロマを焚くのが習慣になっています。

ものぐさな私ですから、美容にも疎《うと》く手のかかることはできません。だけど、確実に老いを感じます。シワやたるみに、ささやかでも効果のあることを願ってコロコロ。見える場所にないとつい忘れてしまうので、最近はリビングに置きっぱなしで。

好きなことってなんだろう?

私にとっては、それが花仕事だったのかもしれない。

でも、決して特別なものじゃない。

他のことをしている自分と花仕事をしている自分を分けてしまったら、好きが好きでなくなる気がするから。

日常で、同じ空気のなかにいることを意識していると、
花と向き合う時、かえって特別な気持ちになれるのが不思議だ。

そんな好きな時間を大事にしたいと思う。

好きが好きでいられることに感謝を込めて。

第三章

「心が整う洋服」

前ボタンのないコートは、TOWN（84 ページ）の型紙からつくりました。

身につけるものへのちいさなこだわり

まもなく50歳。身につけるもので大切にしたいのは、いまの自分に似合うかということ。大好きだった洋服しか残していなくても、毎年できるだけワードローブを見なおして、その歳の自分にあったスタイリングができるように、残る組、手放す組、を整理するように心がけています。

毎日定番のデニムは、10数年選手のものも何本かありますが、いまの私に似合わないものは思いきって整理しなくちゃ。と考えながら、ことしのワードローブ整理のために、週末を使って、じっくり1本ずつ履き比べてみます。

結果、ここから2本を手放すことに。

愛着があるから手放さない、という選択よりは、いま、自分に似合うものだけを身につけて、持ち物は常にシンプルに整えておく、という選択が、私の好みです。

大活躍だったデニムにも、ありがとうの感謝を込めて。

デニムは、はしごハンガーにかけています。

帽子、ストール、手袋、サングラス。夏は完全防備な私です。

小さな頃から日光湿疹でかゆみと戦ってきた必需品たち。

暑い夏、もっと身軽に出かけたい！　でも、上手に付き合っていかなくてはね。見た目にも涼し気なラフィアの帽子がお気に入り。

ワードローブには、白・黒・紺・グレー・ベージュといった、コーディネートのしやすいスタンダードな色のアイテムが並びます。

私にとって、色のあるアイテムは、どちらかというと小物で取り入れるもの。

写真のストールとTシャツは、普段はなかなか手がでない鮮やかなピンク。でも、目にした途端「わぁ！」と、心惹かれて購入した、大切なエヌ・ワン・ハンドレッドのものたち。

いつもとちょっと違う気持ちで過ごしたいときは、こんな明るい色を身につけてみます。

衣類は、色別でアイテムごとに収納しています。シャツ類は、すべて見渡せるよう、吊るす収納に。Tシャツ、セーター類はたたんで引き出しに。ソックスは布製の仕切りボックスに入れて、横にはタイツやレギンスを。

衣類の見直しを考えるときは、1日ひと種類のアイテムと決めて、色別にハンガースタンドへかけ、鏡の前であわせます。

すぐに手放せないものや、いまの自分に似合わないものは、別の場所で少し寝かせます。

すこし前まで着ていたのに、急にしっくりこなくなるものが出てくる年齢になりました。時々、鏡の前に立ち、好きなもの、似合うもの、好きだけど似合わないものをチェックして、コンパクトで風通しのよいクローゼットを目指しています。

やっぱり白シャツが好き。

色ものはすくないです。

紺・黒・デニム。

暮らしやすい洋服をつくるということ

家で過ごす洋服は家事と創作活動の両方を満たす、カラダを動かしやすい、シンプルなものを選ぶようにしています。

おしゃれ、というよりは、雰囲気のよいユニフォーム、というイメージが近いのかな？

素材やシルエットや色について、いまの自分に似合うものを好んで身につける私ですが、仕事がしやすくて、掃除や料理など暮らしのシーンにも溶け込んで、ちょっとした買い物にもでかけられる、シンプルで素敵な……。うーん、そんな洋服ないなぁ…と思っていた矢先、思いがけないタイミングで、義妹と友人が趣味でつくっている、デイリーウェアのパターン（型紙）ブランドの話を聞きました。

もともと一線で活躍され、鎌倉に事務所を立ち上げたパタンナーの木地谷（きちや）さんが作るアイテムが、あまりにもいまの私にぴったりで、お気に入りの布を選び、服作りも楽しみな今日このごろ。

ちょっと木地谷さんにお願いして、オリジナルのエプロンも開発してもらっています。

※　葉山発のパターン（型紙）ブランド『TOWN』
女性向けデイリーウェアを中心に、日常にソーイングの時間をもっと増やそうと2016年春より展開中。
http://short-finger.com/town/

スクエアワンピースをスミ色のリネンで。

縁の始末が可愛らしいタンクトップ。

TOWNのおかげで、ソーイングの時間も増えました。同じ創作作業だけど、違う頭をつかうので、とても刺激になります。

トップスやボトムスで約10種類くらいある型紙の中から、お気に入りのものをいくつか購入し、素材を変えたり、裾の長さをすこし変えたりして、いまの私に合った洋服づくりに挑戦です。布を購入して、カットして、縫って、着るという、とてもシンプルな洋服との付き合い方は、暮らしの基本を整理整頓しているようで、気持ちがスッとします。

掃除や料理にも似ているのかな？大好きな時間です。

洗濯をして、たたまれた洋服たち。全部ハンドメイド。

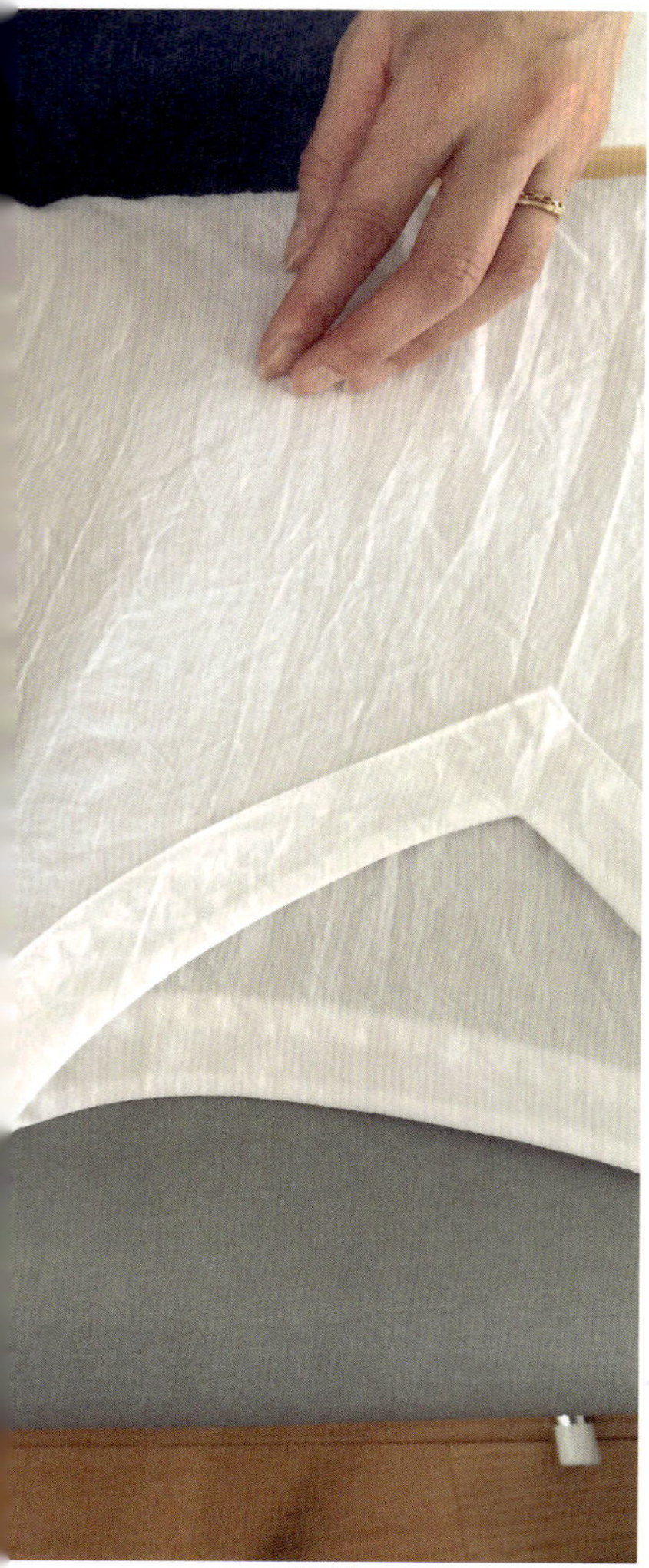

若い頃は、ワシャワシャっとシャツを着こなしても似合っていたけれど、年齢とともに、だんだんとだらしなく見える気がして、近頃は、アイロンをかけるアイテムが増えました。
いつも清潔を心がけて。
アイロン嫌いな私の、大事にしたい変化です（笑）。

STEAM

manufactures
52
5
BOOKS

TOWN × a Un pas エプロン

洗濯は、洋服との大切なお付き合い

大切な衣類は、Tシャツもネットに入れて、手洗いコースで洗濯します。

私は肌が敏感なので、使用する洗濯洗剤がとても気になります。数年前から、植物由来のエコベールという洗剤を愛用中。

エコベールの洗剤は、使用後の排水も、微生物によって分解されるので、自然に汚れを廃棄しないという、丁寧なコンセプトの洗剤。そんな部分にも、気持ちがフィットします。ラベンダーやハーブの香りもお気に入りです。


私以外みんな男性の我が家では、襟や袖口の汚れも目立つもの。

汚れた部分に、部分洗い用の洗剤をすこしつけたあと、専用ブラシで軽くこすって、真っ白になるのを楽しむようになった毎日です。

洗い上がった洗濯物を干す時間も、大好きです。

22
ECOLOGICAL
WASHING LIQUID
FOR FINE FABRICS
AND WOOL
ECOVER
DELICATE
WASH YOUR DELICATES
IN COMPLETE SAFETY
ecover
Get nature on your side.
Plant based &
mineral ingredients
Dermatologically
tested for sensitive skin
Fabric Softener
Creamy conditioner to
keep laundry soft & fresh
Flowers
THE LAUNDRESS
NEW YORK
STAIN
SOLUTION
THE LAUNDRESS
NEW YORK

2013年6月、夫の50歳の節目にプレゼントした、白いコンバース。
50代のスタートを「足元軽やかに行きましょう!」なんてメッセージを贈っていました。
50という響きに、今までとは違う重みを感じます。

夫も、定年後の暮らしや今後の人生設計を語ることが増え、今までは、立ち止まったり後戻りしながらも、段階を登っていくような日々だったけれど、これからは、ゆっくりと下っていくのだなぁと……、それは、決して悪い意味ではなく、自然なことと捉えています。

今までとは違う楽しみも増えていくことにワクワクしながら、この先はすこしずつ、荷物を軽く足元軽やかに歩いていきたい。

私も、真っ白なスニーカーの似合う50代を目指して。

ALL★STAR

RIMOWA
120%

旅行というものをほとんどしたことがなかった私。

ここ数年、マイレージをためては、夫の赴任先へ行ったり、次男のところへ行ったり、弟夫婦の住む神奈川県の葉山へ行ったりと、すこしづつ、プチ旅行を楽しめるようになりました。

初めて買ったトランクは、機内にも持ち込めるちいさめの赤いトランク。

いつも見える場所に置いて、目にするたびに、何かあったら飛んでいくよ！　という気持ちになれます。

さいごにトランクの写真を選びたくなったのは、この本を書きながら、家族、そして友人に支えられ、普通の毎日があることを再認識できたから。

これからの日々も、ちいさなトランク片手の、軽やかな旅のように。

家族や友と、ちいさなしあわせを積み重ねて、歩いていきたいと思います。

編集を終えて

ハンカチーフ・ブックス編集長　長沼敬憲

それはある日のことです。僕たちは企画を練るとき、葉山の一色海岸から少し奥まったところにあるCORNERという小さなアトリエに集まります。

そこは、葉山に10年以上暮らすデザイナーの渡部さんがつくりだした空間で、3匹の猫がいて、大きな机があって、コーヒーカップがあって、遠くに僕たちが作った本がさりげなく並んでいます。

渡部さんが大事にしている「心地よさ」がそこにはあります。この心地よさを共有することで、僕のなかにも何かを生み出そうという気持ちが湧いてきます。

そのある日のミーティングで、渡部さんはあたらしい本の企画を提案してきました。

ちゃんとパワーポイントに概要をまとめ、僕とパートナーの恭子さんの気持ちをさぐるように、少し遠慮気味に話を始めました。

僕たち夫婦が葉山に越してきて早くも3年目を迎えますが、東京に住んでいたときに大事にしていたさまざまなこと、食事であったり、日常の過ごし方であったり、身体の使い方であったり、それらをすべて包み込んだ意識や心のつながりであったり……。

いろいろとゆっくり紡いできたものと、葉山の静かな海辺の景色、そこでの空気が溶け合って、どこかこれまでになかった心地よさを感じるようになりました。

本を作る仕事をしている僕は、この心地よさを伝えるために本をもっと活かせるのではないか？　そう思うようになりました。「ハンカチーフ・ブックス」がスタートした背景もそこにありますが、なにやらまだ何かが欠けている気がしていました。

いや、これまで刊行してきた3冊も、それぞれがリレーの走者のように「心地よさの哲学」というべきものを伝えてくれているのではと感じています。

宣伝も兼ねて、これまでの3冊をご紹介しましょう。

『大切なことはすべて腸内細菌から学んできた～人生を発酵させる生き方の哲学』（光岡知足）

『僕が飼っていた牛はどこへ行った？～「十牛図」からたどる「居心地よい生き方」をめぐるダイアローグ』（藤田一照・長沼敬憲）

『じぶん哲学～シルクハットから鳩が出てくるのはマジックでしょうか？』（土橋重隆・幕内秀夫）

問題は、次のバトンを誰に託するかです。

　僕が業界の人だからかもしれませんが、できあがった本をざっと見渡し、「何だか本らしい本ばかり作ってきた気がするな」……そんな感覚もあったので、渡部さんから今回の提案をいただいたとき、直観的に「面白いな」と感じました。

　市井に生きる普通の人というのは、それ自体が肩書きのようなもので、僕の感覚では、医者や学者といった肩書きよりもむしろ魅力的に映りました。

　医者や学者だから、禅のお坊さんだから、だから本にしてきたわけではないのに、その作り上げられた枠のなかで、「次はどんな本をつくろうか」と考えている自分がいました。渡部さんが少し遠慮気味だったのも、きっとそのあたりの思いがあったからでしょう。

　でも、普通であることの美しさは、誰にとっても共有できる世界のはずです。なぜなら、そこには万国共通の「心地よさ」という感覚がひそんでいるから。きっと彼もそこに価値を感じ、今回の本を企画したいと感じたのだと思います。

　僕に限って言えば、「ハンカチーフ・ブックス」という小さな出版舎を始めなければ、こういう趣旨の本はつくれなかった気がします。自分の頭のなかで勝手に作ってきた枠を取り払い、すてきなものを形にするという選択ができたことで、これまで見えなかった景色が見えてくる気がしています。

読者の皆さんには、まず本そのものをゆっくりと楽しんでほしいと思っています。そのうえでこうした舞台裏の制作意図も知ってもらえると、また違った意味合い、価値がついてくるかもしれません。

何かを生み出すということは、意思さえあれば、誰にとってもできることです。そこにあるのは、見た目としてのきれいさばかりではなく、核になるイデアのようなものも見え隠れします。

著者の跡部さんは、それをご自身のやり方で証明しながら、普通の暮らしを過ごしているのでしょう。そういう静かな魅力が、本を通して伝わったらとても嬉しく思います。

ちいさなしあわせを積み重ねて

跡部明美

発行日：2016年4月21日　第1刷
編集：長沼敬憲（リトル・サンクチュアリ）
デザイン：渡部忠（スタジオ・フェロー）
撮影：跡部明美、八重樫歩

発行人：長沼恭子
発行元：株式会社サンダーアールラボ
〒240-0112　神奈川県三浦郡葉山町堀内1263-7
Tel&Fax：046-890-4829
info@handkerchief-books.com
handkerchief-books.com

Printed in Japan

ISBN978-4-908609-04-6 C0095